AF343168

ADDITION

Aux Observations du sieur TRAVENOL, Pensionnaire de l'Académie Royale de Musique,

Sur les motifs du refus que fait le sieur JOLIVEAU, Caissier de ladite Académie, de lui payer sa Pension.

JE sais qu'il est des hommes assez méchans pour faire du mal, sans que ce mal leur produise aucun bien : mais je n'aurois jamais cru qu'il y en eût d'assez barbares, pour vouloir faire de la peine à leur prochain, au risque de s'en faire à eux-mêmes. Cependant le sieur Joliveau m'en fournit aujourd'hui un exemple. Il cherche à me nuire au préjudice même de ses propres intérêts, & de ceux d'un Corps auquel il doit le commencement de sa fortune.

Je le répete encore, ce Caissier a refusé de me payer ma Pension, sous le frivole prétexte

A

de deux Saisies faites sur moi entre ses mains, parceque, si on l'en croit, *il ne connoissoit point l'Arrêt du Conseil du 10 Août 1745*, qui ORDONNE, *QUE LES GAGES, APPOINTE- MENS, PENSIONS, RÉTRIBUTIONS ET PEINES DES ACTEURS, ACTRICES, SIM- PHONISTES, ET AUTRES PERSONNES EMPLOYÉES A L'ACADÉMIE ROYALE DE MUSIQUE, NE POURRONT ÊTRE SAISIS, PAR LEURS CRÉANCIERS, POUR QUELQUE CAUSE QUE CE SOIT*, &c. Le sieur Joliveau *avoit entendu parler*, dit-il, *de cet Arrêt ; mais il n'a jamais pu le découvrir, ni ceux qu'il a vus dans le cas d'en avoir besoin, pour des Saisies toutes semblables à celles dont il s'agit actuellement*. (a). Cet Arrêt a donc échappé aux recherches du sieur Joliveau, & de plusieurs autres personnes qui s'en feroient

---

(*a*) Réponse du sieur Joliveau, dont j'ai déja parlé dans mes premieres Observations, pag. 7, & 8. Comme ce Caissier se plaint amerement que la Lettre qui m'a procuré l'honneur de recevoir cette Réponse, n'est pas assez polie pour un homme aussi respectable que lui, j'ai cru la devoir faire imprimer à la fin de ces nouvel- les Observations, & en même-tems accoler à cette Lettre, celle que j'ai pris ensuite la liberté d'écrire aux Directeurs de l'Académie Royale de Musique.

fervi avec fuccès, fans doute, fi elles euffent
pû le trouver. Ce Caiffier n'en fauroit dif-
convenir. Il a même avoué, *qu'il auroit été
charmé de l'avoir, & qu'il étoit très néceffaire
à fes opérations.* Or, je favois, à n'en pouvoir
douter, que cet Arrêt exiftoit. Je l'ai cherché, & je l'ai trouvé. Il y a plus, j'ai pris la
liberté, pour être en regle, d'en faire deman-
der une expédition à Monfeigneur le Comte
de S. Florentin : & ce judicieux Miniftre a
daigné me la faire remettre en bonne forme,
fignée de fa main, fur la fimple expofition
du befoin que j'en avois, pour obliger le fieur
Joliveau à me payer ma Penfion. Après cela,
comment ce Caiffier ofe-t'il fe vanter par-
tout, que Monfeigneur le Comte de S. Florentin lui a fait l'honneur de lui dire, préci-
fément, *qu'il avoit très bien fait de ne me pas
payer, en vertu de l'Arrêt du Confeil.* Quelle
téméraire impofture! Elle eft d'autant plus
criminelle, qu'elle compromet l'autorité
Royale, le zele, la bonté, la fageffe, la
juftice & la candeur du Miniftre.

Le fieur Joliveau n'en refte pas là. Il ima-
gine une autre fable, qui ne lui fait guere
plus d'honneur que la premiere. Il dit à tous
ceux qui veulent l'entendre, *que j'ai été chez*

Monseigneur le Comte de S. Florentin , récla-
mer sa protection , que ce Ministre m'a fort mal
reçu , & qu'il m'a fait sentir, que j'avois eu le
malheur de lui déplaire , en prétendant, que le
Caissier de l'Opéra devoit me payer ma Pen-
sion , ainsi que Sa Majesté le lui ordonne ,
NONOBSTANT TOUTES SAISIES FAITES
OU A FAIRE , QU'ELLE DÉCLARE NULLES
ET DE NUL EFFET , & qu'après m'avoir
payé , IL EN SERA BIEN ET VALABLE-
MENT DÉCHARGÉ (1). Des prétentions
fondées fur des ordres auſſi ſacrés , peuvent-
elles offenſer un Miniſtre ſi zèlé à les faire
exécuter avec le reſpect & l'obéiſſance qui
leur ſont dûs ? c'eſt ce qu'on ne ſauroit raiſon-
nablement préſumer. Cette ſeconde impoſ-
ture ſe détruit donc d'elle-même. D'ailleurs
il eſt certain, que je n'ai pas encore eu l'honneur de voir Monſeigneur le Comte de
S. Florentin , au ſujet de cette affaire. Je ne
penſe pas même, qu'il ſoit néceſſaire d'aller
l'importuner , pour le déterminer à défendre
l'autoritéRoyale contre le Caiſſier de l'Opéra,
qui marche à la tête de deux de mes Créanciers pour l'attaquer. Comme le ſieur Joli-

---

(1) Arrêt du Conſeil du 16 Août 1745.

veau craint que cette troupe ne soit pas encore assez nombreuse pour pouvoir lui assurer une victoire complette, il cherche tous les jours, de porte en porte, demes Créanciers. Il les exhorte, par son asiatique éloquence, à seconder ses vastes projets, & il promet de les payer en dépit de l'Arrêt du Conseil. C'est ce qui a donné lieu à l'avis imprimé, que quelque mauvais plaisant, des amis du sieur Joliveau, adresse à tous mes Créanciers, & qui dit :

Ceux qui voudront prendre parti dans le Régiment des Créanciers du sieur Travenol, n'ont qu'à s'adresser au sieur Joliveau, Caissier de l'Académie Royale de Musique. Il leur donnera pour engagement, le Privilege qu'accorde aux membres de cette Académie, l'Arrêt du Conseil du 16, Août 1745.

Malgré cet Avis & toutes les peines, que se donne le sieur Joliveau, pour recruter mes Créanciers, son Régiment n'est point augmenté. Il n'est toujours composé que de deux Combattans : & ces deux Combattans ne sont point des Aloïdes (1), ce sont des Pygmées,

____

(1) Geans qui entreprirent d'escalader le Ciel pour détrôner les Dieux. Odyss. L. xi.

A iij

qui se préparent aujourd'hui à escalader le Ciel (1). Que pourrois-je donc avoir à craindre de leur ridicule entreprise ?

Au reste, il n'est pas surprenant, que les Créanciers des Membres de l'Académie Royale de Musique cherchent à franchir la barriere, que nous avons à leur opposer. Mais n'est-il pas trop singulier, pour ne rien dire de plus, que le sieur Joliveau, Caissier de cette Académie depuis deux jours, ait l'audace de se joindre à ces Créanciers, pour nous disputer un Privilege, que personne, jusqu'à présent, n'avoit osé attaquer. Ce Caissier, seul, se croit en droit de le faire. Il prétend être exempt d'obéir au Roi, lorsque Sa Majesté ne lui prescrit ses ordres, que par un Arrêt du Conseil, non enrégistré au Parlement, & rendu sur Requête. Ces sortes d'Arrêts, selon lui, ne méritent aucun égard.

---

(1) Le plus considérable de ce Triumvirat, est un Mercier à qui je dois 163, l. 17, sols 6, deniers. L'autre est un Chandelier, dont je suis peut-être le débiteur de quelques livres de chandelles : & le troisieme, enfin, est le sieur Joliveau, à qui je ne dois rien, & qui au contraire me doit 82, livres 10, sols, qu'il ne veut pas me payer, à moins que le Roi ne le lui ordonne par un Edit enrégistré au Parlement.

D'ailleurs il obſerve encore, dit-on, que le Camp d'Aloſt, où cet Arrêt a été rendu, n'étoit pas un lieu propre à rendre un Arrêt, ſur-tout en faveur de l'Académie Royale de Muſique. Cette obſervation qui avoit échappé à Sa Majeſté & à tout ſon Conſeil, eſt bien digne du ſieur Joliveau, c'eſt-à-dire, d'un homme,

         . . . . *qui ſait pour tout ſecret,*
Cinq & quatre ſont neuf, ôtez deux, reſte ſept (1).

Ce Caiſſier ignore, du moins vraiſemblablement, l'Hiſtoire de l'Opéra. S'il en avoit quelques Notions, il ſeroit convaincu, que la plupart des Privileges dont jouit l'Académie Royale de Muſique, depuis ſon établiſſement juſqu'à préſent, & ſans leſquels cette Académie ne pourroit ſe ſoutenir, il ſeroit convaincu, dis-je, que la plupart de ces Privileges lui ont été accordés par Arrêts du Conſeil, non enrégiſtrés au Parlement (2) : & en ce cas, le ſieur Joliveau n'auroit jamais prétendu être en droit de refuſer d'obéir à celui dont il s'agit. Car, ſi cet Arrêt ne fait pas Loi, les autres ne la

---

(1) Deſpreaux, Satyre VIII.
(2) Voyez l'*Hiſtoire du Théâtre de l'Opéra en France*, pag. 97, 106, 107 & 168.

feroient pas non plus. Au moyen de quoi, l'Académie Royale de Musique se verroit bientôt dépouillée de la plus grande partie de ses Privileges. Ainsi il est probable, que si le sieur Joliveau étoit mieux instruit, il ne donneroit pas, en vain, la torture à son imagination, pour tâcher de faire perdre à l'Académie Royale de Musique, un Privilege avantageux, & qui intéresse encore plus singuliérement son Caissier qu'aucun de ses Membres. C'est la haine, qu'il a conçu pour moi, sans doute, qui l'aveugle. Lui aurois-je donc fait quelque tort en découvrant & en publiant l'Arrêt du Conseil du 16, Août 1745? Je ne puis le croire, puisqu'il est convenu lui-même, *qu'il l'avoit cherché, qu'il s'en seroit servi, s'il eût pu le trouver, & qu'il étoit très nécessaire à ses opérations.* Cependant ses ennemis assurent, que c'est-là justement le sujet de sa mauvaise humeur, parceque ce Caissier, disent-ils, qui avoit seul cet Arrêt, & qui ne convenoit pas avec nous de l'avoir, en disposoit en faveur de qui bon lui sembloit ; & malheureusement pour moi, je n'étois pas du nombre de ses élus.

A Dieu ne plaise que ce soit dans l'intention de faire du tort à mes Créanciers, que

je demande à jouir du Privilege, que cet Ar-
têt nous accorde. Je ne crois pas, que personne puisse m'accuser d'avoir de pareils
sentimens : car tout le monde sait, à n'en
pouvoir douter, que j'ai commencé par
déléguer cette Pension à la Dame veuve Jour-
dant, pour qu'elle touchât, sur les arrérages
échus & à échoir, à compter du premier Avril
1758, la somme de 875 livres, dont j'étois
alors son Débiteur. Cette Créanciere a donc
reçu des mains du sieur Joliveau, les arrérages de deux années & demie de ma Pension, échus le dernier Septembre 1760. (1)
Après avoir acquitté cette dette, je déléguai
le reste des arrérages de la même année, échus
le dernier Décembre, à une autre personne
à qui je suis redevable de 82, livres 10,
sols : & c'est cette délégation, que le sieur Joliveau a refusé de payer, bien que long-tems
avant son échéance, il eût promis d'y faire honneur le 15, Février de la présente année 1761.
Je ne prétends donc rien à ces arrérages échus,
ni même à ceux qui écherront à l'avenir, à
compter du premier Janvier 1761, jusqu'au

------

(1) Voyez mon Mémoire imprimé contre les En-
trepreneurs du Concert spirituel, pag. 36, & les sui-
vantes.

dernier de Juin 1763 , attendu que j'ai encore délégué ces arrérages de deux années & demie à un autre de mes Créanciers , à qui je dois une somme de 875 livres. Cette Penſion ne m'aura donc ſervi , depuis le premier Avril 1758 , que j'ai commencé à en jouir , juſqu'au dernier de Juin 1763 , qu'à payer mes dettes. Ce n'eſt donc pas pour me diſpenſer de les aquitter , que je réclame le Privilege,que nous accorde l'Arrêt du Conſeil du 16, Août 1745 : c'eſt ſeulement , pour que ceux de mes Créanciers, à qui je juge à propos de déléguer cette Penſion , la touchent & la reçoivent , en dépit du ſieur Joliveau , préférablement à ceux à qui je ne l'ai point déléguée. Ces Créanciers privilégiés demeurent tranquilles , & n'ont pas daigné ſeulement faire ſignifier leurs titres à ce Caiſſier , perſuadés que les deux Saiſies faites ſur ma Penſion , qu'il a entre les mains , ne peuvent avoir lieu , eû égard à l'Arrêt du Conſeil qui les déclare nulles & de nul effet.

Par ce petit détail, on voit, que je fais plus que je ne puis pour payer mes dettes, & que je les paye en effet. Mais il eſt certain , que je ne ſaurois le faire avec la Penſion ſeule qui me reſte , ſans être obligé d'en contracter d'autres, ou de mourir de faim. Ainsi, quand bien même ma Pension ne seroit pas sous la sauve-garde de l'Arrêt du Conseil du 16, Août 1745, je n'aurois encore rien à craindre au sujet des Saisies dont il s'agit, vu la modicité de cette Pension, & le malheur que j'ai de n'avoir que cela pour toute fortune. C'est une Pension alimentaire & destinée à la seule subsistance du Pensionnaire. Au-delà d'un aussi mince nécessaire, il ne s'y trouve certainement pas de superflu. Quoiqu'il en soit, le sieur Joliveau espere, avec le secours de mes Créanciers, qu'il réclame impunément, de m'empêcher de jouir de cette *Pension de retraite de 350, livres, que mes talens & mes services à l'Académie Royale de Musique, m'ont aquise, & ce, conformément à l'état qui en a été approuvé par le Roi* (1).

Peut-on raisonnablement espérer, qu'une entreprise aussi contraire à la bonté & à la volonté de Sa Majesté, puisse réussir au préjudice des intérêts d'un Corps, qu'elle a

---

(1) Lettre que les Directeurs de l'Opéra m'ont adressée en date du 25, Mars 1758, pour me donner avis, que j'étois à la Pension.

toujours pris fous fa protection ? Il y a toute apparence, que l'envie feule de me faire du mal anime, éclaire & conduit le fieur Joliveau dans cette entreprife. Je lui pardonne fa mauvaife volonté en faveur de fon impuiffance ; & perfuadé qu'il aura fans doute, bientôt la honte de voir tous fes extravagans efforts avortés, mes bons fentimens pour lui, non-feulement ne me permettent pas d'écouter ma vengeance, mais ils m'obligent encore à travailler aujourd'hui à lui procurer le bien qu'il m'envie, & qu'il voudroit me faire perdre. C'eft pourquoi j'invite ici tous mes Camarades, à folliciter la Penfion de retraite pour ce Caiffier, *bien que fes talens, ni fes fervices à l'Opéra, ne la lui aient point aquife.*

Les Membres d'une Académie, dont le Roi eft le Créateur, le Protecteur, & finguliérement, le Légiflateur, doivent-ils fouffrir que leur Caiffier, au mépris des ordres de ce Monarque, prétende les empêcher de jouir de leurs Privileges, pour avoir le plaifir feulement de réduire un de leurs Confreres à l'Hôpital ? TRAVENOL.

JANNYOT, Procureur.

De l'Imprimerie de DIDOT, rue Pavée, 1761.

LETTRE

Du sieur TRAVENOL au sieur JOLIVEAU.

MONSIEUR,

Vous savez mieux que moi , sans doute , que toutes les Saisies, qu'on peut avoir faites entre vos mains , sur ma Pension de l'Opéra, sont de nulle valeur. Ainsi je crois, que vous ne risquez rien de les regarder comme non-avenues. Feu M. de Neuville , votre prédécesseur, ne s'en est jamais embarrassé. En pareil cas, il me payoit toujours par provision. Au reste , Monsieur , si vous ne jugez pas à propos de l'imiter , faites-moi du moins le plaisir de m'envoyer la date de l'Arrêt du Conseil , qui déclare les Appointemens des Sujets de l'Opéra non-saisissables, & de joindre à ce papier , les Saisies dont il s'agit , pour que je puiſſe en avoir main-levée. Vous obligerez ſenſiblement, celui qui a l'honneur d'être, avec une reſpectueuſe conſidération,

MONSIEUR,

Votre, &c.

LETTRE

DU SIEUR TRAVENOL,
Aux Directeurs de l'Académie Royale de Musique.

MESSIEURS,

La respectueuse considération, que j'ai pour vous, m'engage à réclamer votre justice & votre autorité, au sujet du refus, que fait M. Joliveau, de me payer ma Pension, c'est-à-dire, les arrérages échus le dernier Décembre 1760.

Il prétend, que deux oppositions, qu'on a formées sur cette Pension, entre ses mains, ne lui permettent pas de les vuider. Cependant M. Joliveau est certain, que ces deux oppositions ne sont point faites en vertu d'aucune délégation, ni autre acte, qui puisse donner aux Opposans le moindre droit sur ma Pension. Ainsi il n'ignore pas, qu'elles sont invalides, & qu'elles ne peuvent subsister : car il a beau faire, il ne sauroit disconvenir